Ellen Schulte-Bunert • Michael Junga

DaZ eigenständig üben: einfache Sätze

Freiarbeitsmaterialien
zum Lesen, Schreiben und Sprechen

Nach 60 Semestern als Lehrkraft für besondere Aufgaben arbeitet **Ellen Schulte-Bunert** jetzt als Lehrbeauftragte am Institut für Sprache, Literatur und Medien, Seminar DaF/DaZ der Europa-Universität Flensburg und als Fortbildnerin für DaZ-Lehrkräfte in verschiedenen Bundesländern. Ihre Arbeitsschwerpunkte sind Didaktik und Methodik des Deutschen als Zweitsprache, Alphabetisierung in der Zweitsprache Deutsch, Sprachdiagnose und individuelle Förderplanung sowie Entwicklung von Unterrichtsmaterialien. Sie ist Mitautorin der Curricularen Grundlagen Deutsch als Zweitsprache für Schleswig-Holstein sowie der Niveaubeschreibungen DaZ für die Primarstufe und die Sekundarstufe I.

Michael Junga, Jahrgang 1949, war 40 Jahre lang als Grund- und Förderschullehrer in Braunschweig tätig. Dabei beschäftigte er sich intensiv mit der Frage, wie die Denk- und Kombinationsfähigkeit von Kindergarten-, Grund- und Förderschulkindern gestärkt und trainiert werden kann. Jetzt kümmert er sich um die Erstellung von Materialien für erwachsene Menschen, die durch Krankheit, Unfall oder Alter in ihrer intellektuellen Leistungsfähigkeit beeinträchtigt sind und daher besonders kleinschrittige Hilfsangebote benötigen. Kontakt: michaeljunga@t-online.de

Wir haben unseren Markennamen von AOL-Verlag zu scolix geändert. Alle Inhalte entsprechen den bisher unter dem Namen AOL-Verlag erschienenen Auflagen.

Wir verwenden in unseren Werken eine genderneutrale Sprache, damit sich alle gleichermaßen angesprochen fühlen. Wenn keine neutrale Formulierung möglich ist, nennen wir die weibliche und die männliche Form. In Fällen, in denen wir aufgrund einer besseren Lesbarkeit nur ein Geschlecht nennen können, achten wir darauf, den unterschiedlichen Geschlechtsidentitäten gleichermaßen gerecht zu werden.

2. Auflage 2026

AAP Lehrerwelt GmbH
Veritaskai 3
21079 Hamburg
Telefon: +49 (0) 40325083-040
E-Mail: info@lehrerwelt.de
Geschäftsführung: Andrea Fischer, Sandra Saghbazarian
USt-ID: DE 173 77 61 42
Register: AG Hamburg HRB/126335

Autorschaft: Ellen Schulte-Bunert, Michael Junga
Redaktion: Clara-Sophie Vogel
Covergestaltung: TSA&B Werbeagentur GmbH, Hamburg
Coverfoto: Rupert Brandl
Illustrationen: Satzpunkt Ursula Ewert GmbH, Bayreuth
Satz: Satzpunkt Ursula Ewert GmbH, Bayreuth
Druck und Bindung: Esser printSolutions GmbH, Bretten

ISBN: 978-3-403-10511-4
www.scolix.de

Inhalt

Soloaufgaben

Tandemübungen

Liebe Kollegin, lieber Kollege,

die hier vorliegenden 35 Kopiervorlagen mit Selbstkontrolle trainieren das **Lesen und Verstehen einfacher Aussage-, Frage- und Aufforderungssätze in der Zweit- bzw. Fremdsprache Deutsch.** Die Lerner müssen die einzelnen Sätze genau lesen, deren Sinn entnehmen und durch Nachdenken, Kombinieren und Zuordnen zur Lösung der Aufgaben gelangen. Alle Übungen vertiefen und stärken neben dem Wortschatz, verschiedenen grammatischen Strukturen und der Lesekompetenz auch die Konzentrations- und Wahrnehmungsfähigkeit, die Flexibilität im Denken sowie die Kombinationsfähigkeit der Lerner.

Die Reihenfolge der Übungen in diesem Heft lässt keinen Rückschluss auf die in ihnen enthaltenen Schwierigkeiten zu. Die Lehrkraft weiß am besten, welche Vorlagen von ihren Lernern bewältigt werden können. Die den Texten zugrunde liegenden Wortfelder entsprechen in ihrer Reihenfolge und Relevanz jedoch der aktuellen fachdidaktischen Diskussion beim Erwerb des Deutschen als Zweitsprache. So steht eindeutig **Wortmaterial** im Vordergrund, **mit dem in der neuen Sprache kommunikative Situationen im Unterricht, in der Schule und im deutschen Alltag bewältigt werden müssen. Die syntaktischen Muster sind vielfältig**, so wie sie den fremdsprachigen Lernern im deutschen Sprachraum in der mündlichen Kommunikation begegnen. Sie wurden aber auf ein für DaZ-Lerner verständliches Maß reduziert.

Die Leseaufgaben sind für **DaZ/DaF-Lerner auf der Stufe A1** des Europäischen Referenzrahmens für Sprachen geeignet (Stufe der elementaren Sprachverwendung). Diese Stufe ist bezüglich des Leseverstehens durch den Deskriptor *Kann einfache Wörter lesen* gekennzeichnet. **Voraussetzung** für die Lösung der Leseaufgaben sind die **Beherrschung der lateinischen Buchstaben** sowie die **Kenntnis der Laut-Zeichen-Beziehung der deutschen Sprache.** Das in den *einfachen Sätzen* enthaltene Wortmaterial und die syntaktischen Strukturen sollten den Lernern bereits begegnet sein, entweder als Themen im Unterricht oder auch nur in der mündlichen Kommunikation. Um das Verstehen der komplexen Arbeitsanweisungen zu erleichtern, ist bei jeder neuen Aufgabenform ein Beispiel vorgegeben.

Die Kopiervorlagen eignen sich für:

- DaZ-Basiskurse für Seiteneinsteiger,
- additiven DaZ-Förderunterricht sowie
- Binnendifferenzierung und Individualisierung im Regelklassenunterricht.

Und so wird mit den Vorlagen gearbeitet:

Um zu verhindern, dass sich die Lerner bei der Lösung der Aufgaben an den angegebenen Lösungen in den Kontrollbildern orientieren, sollten vor der Bearbeitung der Aufgaben die Kontrollbilder am rechten Rand des Blattes nach hinten geknickt bzw. mit einer Schere abgeschnitten werden.

Neu in dieser Sammlung von Kopiervorlagen sind die **Tandemübungen für die Partnerarbeit.** Diese Übungen ermöglichen den Lernern, die neue Sprache „auf Augenhöhe“ mit einem Mitlerner, also im geschützten Raum, mündlich auszuprobieren. Das baut eventuell vorhandene Sprechhemmungen ab und die Lerner können durch den Partner eine sofortige Rückmeldung bekommen. Dieser kann die Äußerung bestätigen bzw. korrigieren. Auch das Arbeitstempo können die Partner frei bestimmen. Die Lehrkraft kann in die Gespräche hineinhören, sie kann aber auch als ein Partner fungieren, sie kann korrigieren oder auch Fragen der Lerner beantworten.

Jede Tandemübung besteht aus zwei Kopiervorlagen – jeweils eine Seite pro Partner (Tandempartner P1 und P2). P2 muss die erste Aufgabe lösen, P1 hat die Lösung auf seinem Bogen vorliegen. Danach wechselt es: P1 muss die nächste Aufgabe lösen, P2 kontrolliert anhand der Vorgabe auf seinem Bogen.

Dr. Ellen Schulte-Bunert   Michael Junga

Name: Klasse: Datum:

1. Das bin ich

Suche zu jedem Bild von A bis H den passenden Satz.
Schreibe die Lösungsnummer in das Feld rechts neben dem Bild.
Male dann die Lösungsfelder im Kontrollbild in den angegebenen Farben aus.
Schreibe anschließend die Sätze in dein Heft.

A 

4 — grün

B 

blau

C 
grün

D 
blau

E 

grün

F 
blau

G 
grün

H 

blau

1	Wer ist das?
2	Das ist mein Skateboard.
3	Ich bin 13 Jahre alt.
4	Ich heiße Pawel.
5	Das ist meine Mutter.
6	Ich komme aus Polen.
7	Ich habe einen Bruder.
8	Wie alt bist du?

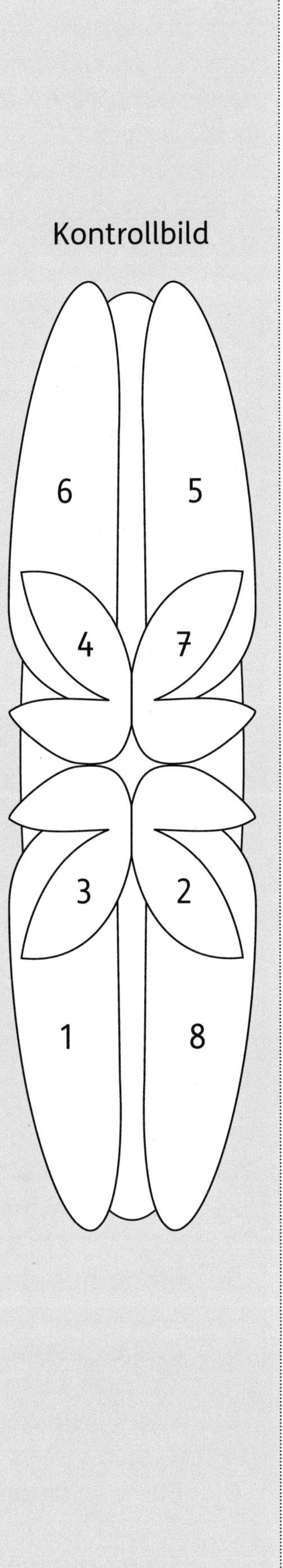

Name: Klasse: Datum:

2. Das ist Elena

Suche zu jedem Bild von [A] bis [H] den passenden Satz.
Schreibe die Bildnummer in das Feld rechts neben dem Bild.
Ziehe im Kontrollbild vom Punkt neben dem Buchstaben einen geraden Strich zur Lösungszahl.
Schreibe anschließend die Sätze in dein Heft.

A 

5

B 

C 

D 

E 

F 

G 

H 

1	Das ist Elenas Vater.
2	Elena kommt aus Russland.
3	Elena hat ein Fahrrad.
4	Das ist Elena.
5	Wer ist das?
6	Elenas Schwestern heißen Natalia und Anna.
7	Sie ist auch 13 Jahre alt.
8	Elena hat zwei Schwestern.

Kontrollbild

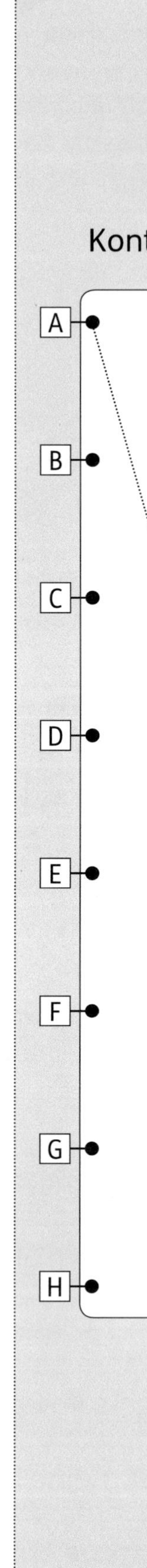

Name: Klasse: Datum:

3. Schulsachen

Suche zu jedem Bild von A bis H den passenden Satz.
Kreise die zugehörige Bildnummer in dem Feld rechts neben dem Satz ein.
Suche zu jeder Bildnummer rechts den zugehörigen Kennbuchstaben.
Setze aus den Kennbuchstaben die Lösungswörter zusammen.
Schreibe anschließend die richtigen Sätze in dein Heft.

A		Ist das dein Bleistift?	2
		Das ist meine Freundin.	(1)
B	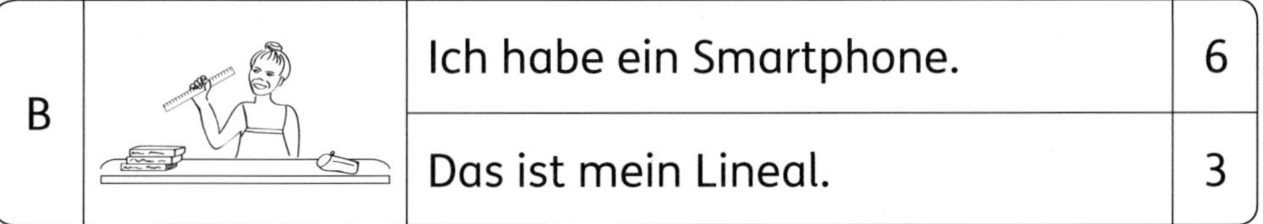	Ich habe ein Smartphone.	6
		Das ist mein Lineal.	3
C		Das ist meine Lehrerin.	5
		Wo ist mein Rucksack?	8
D		Ist das dein Farbkasten?	4
		Das ist meine Brille.	3
E		Ich habe ein Mathebuch.	6
		Das ist mein Radiergummi.	2
F		Ich habe fünf Hefte.	7
		Das ist mein Laptop.	5
G		Wo ist mein USB-Stick?	7
		Ich habe eine Uhr.	1
H		Sind das Filzstifte?	2
		Das ist ein Farbkasten.	4

Name: Klasse: Datum:

4. In der Klasse

Suche zu jedem Bild von A bis H den passenden Satz.
Schreibe die Lösungsnummer in das Feld rechts neben dem Bild.
Male dann die Lösungsfelder im Kontrollbild in den angegebenen Farben aus.
Schreibe anschließend die Sätze in dein Heft.

1	Das ist mein Mathebuch.
2	Ich habe eine Uhr.
3	Ist das dein Bild?
4	Hast du eine Uhr?
5	Dein Smartphone ist super.
6	Mein Rucksack ist schwarz und weiß.
7	Male das Bild bunt an!
8	Welche Farbe hat dein Rucksack?

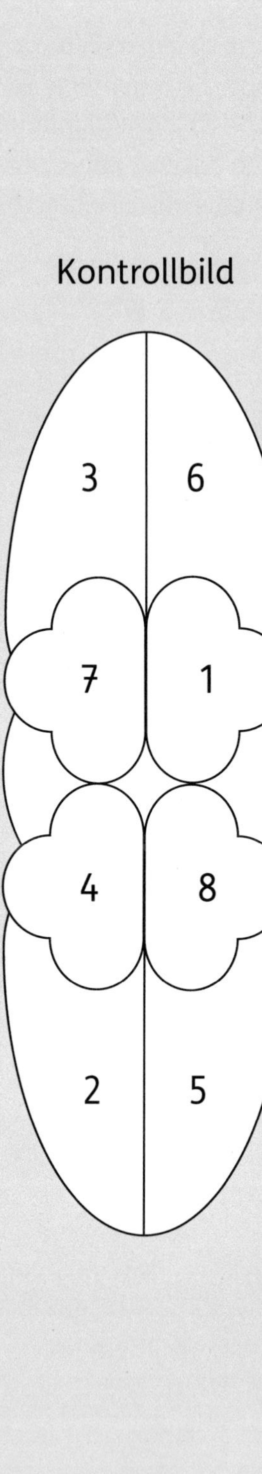

Name: Klasse: Datum:

5. Im Schulgebäude

Suche zu jedem Bild von A bis H den passenden Satz.
Schreibe die Bildnummer in das Feld rechts neben dem Bild.
Ziehe im Kontrollbild vom Punkt neben dem Buchstaben einen geraden Strich zur Lösungszahl.
Schreibe anschließend die Sätze in dein Heft.

A 

3

B 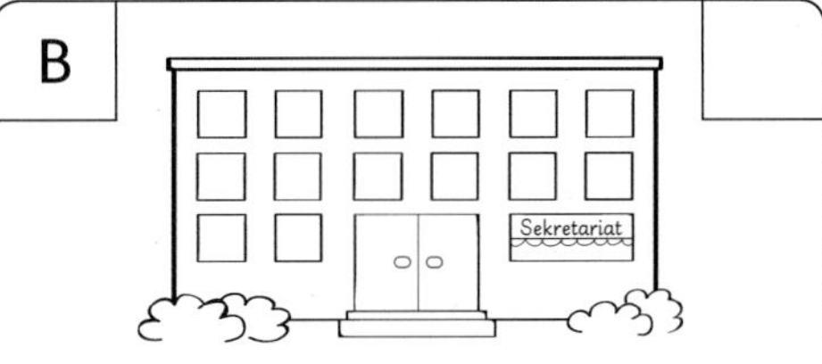

C 

D 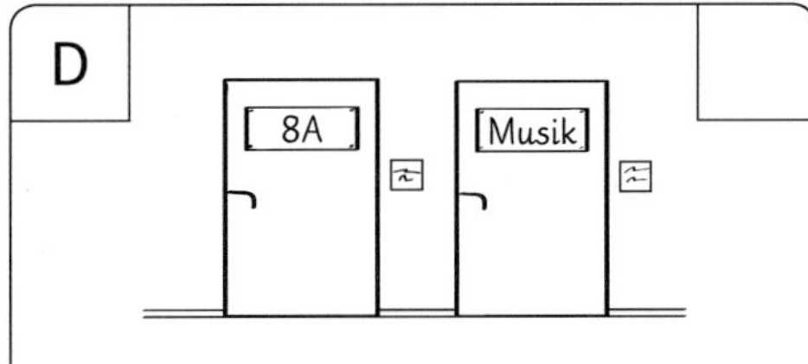

E 

F 

G 

H 

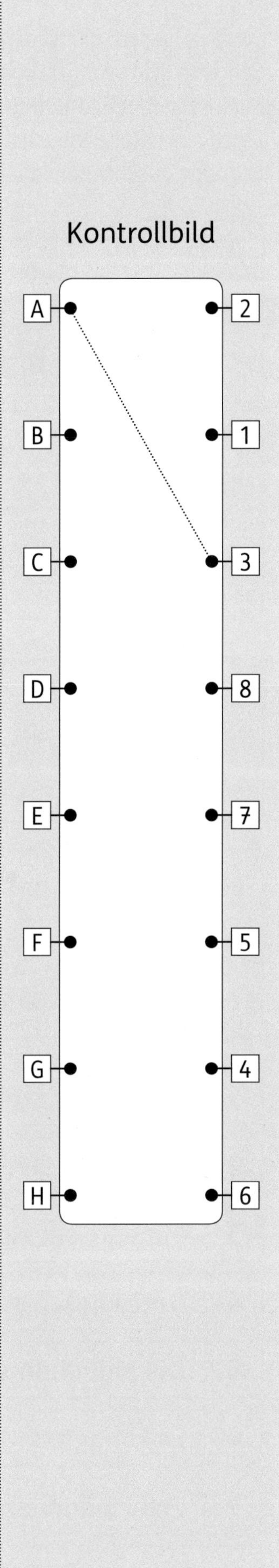

1	Das Sekretariat ist im Erdgeschoss.
2	Wo ist das Lehrerzimmer?
3	Das ist die Klasse 8a.
4	Und wo sind die Toiletten?
5	Das ist der Kunstraum.
6	Wir sind auf dem Schulhof.
7	Der Musikraum ist neben der Klasse 8a.
8	Ich gehe in die Sporthalle.

 Name: Klasse: Datum:

6. Auf dem Schulhof

Suche zu jedem Bild von A bis H den passenden Satz.
Schreibe die Lösungsnummer in das Feld rechts neben dem Bild.
Suche zu jeder Bildnummer rechts den zugehörigen Kennbuchstaben.
Setze aus den Kennbuchstaben die Lösungswörter zusammen.
Schreibe anschließend die Sätze in dein Heft.

1	Der Lehrer steht vor dem Baum.
2	Einige Schüler spielen Schach.
3	Majeda isst einen Apfel.
4	Drei Jungen spielen Fußball.
5	Die Mädchen sitzen auf der Treppe.
6	Es klingelt!
7	Zwei Mädchen spielen Tischtennis.
8	Rahim trinkt Mineralwasser.

Kennbuchstaben

5	3	1	6	7	2	8	4
L	U	R	E	G	F	E	B

Lösungswörter

A	B	C	D
B			

E	F	G	H

Name: Klasse: Datum:

7. Im Deutschunterricht

Suche zu jedem Bild von A bis H den passenden Satz.
Schreibe die Lösungsnummer in das Feld links neben dem Bild.
Male dann die Lösungsfelder im Kontrollbild in den angegebenen Farben aus.
Schreibe anschließend die Sätze in dein Heft.

Kontrollbild

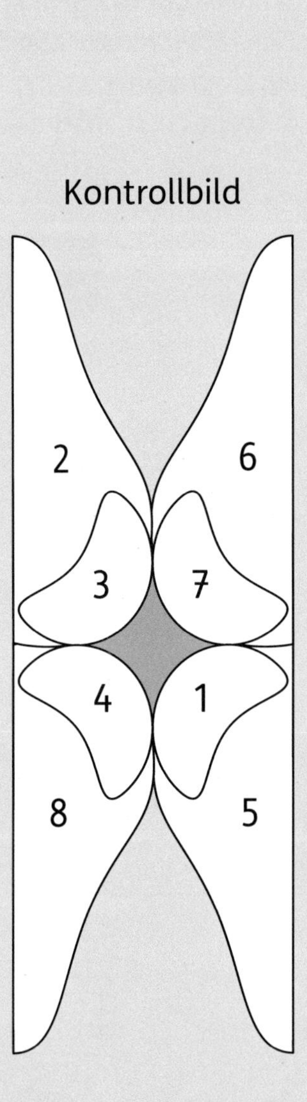

1	Schreibt die Wörter von der Tafel ab.
2	Lest den Text.
3	Öffnet die Bücher.
4	Denkt an einen Rand.
5	Unterstreicht die neuen Wörter mit dem Lineal.
6	Arbeitet zu zweit.
7	Seid bitte leise!
8	Nehmt eure Wörterbücher.

Name: Klasse: Datum:

8. Am Ende der Stunde

Suche zu jedem Bild von A bis H den passenden Satz.
Schreibe die Bildnummer in das Feld rechts neben dem Bild.
Ziehe im Kontrollbild vom Punkt neben dem Buchstaben einen geraden Strich zur Lösungszahl.
Schreibe anschließend die Sätze in dein Heft.

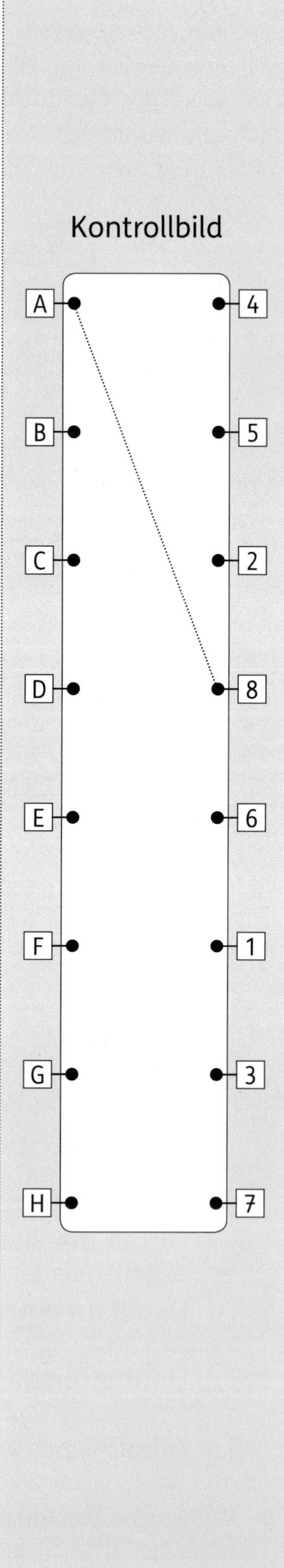

1	Geht auf den Schulhof.
2	Schreibt eure Namen und das Datum auf die Arbeitsblätter.
3	Packt eure Sachen ein.
4	Legt die Arbeitsblätter ins Regal.
5	Schreibt die Hausaufgaben von der Tafel ab.
6	Nehmt euer Brot mit.
7	Legt die Wörterbücher auf den Tisch.
8	Macht eure Bücher zu.

Name: Klasse: Datum:

9. Mein Körper

Suche zu jedem Bild von A bis H den passenden Satz.
Schreibe die Lösungsnummer in das Feld rechts neben dem Bild.
Suche zu jeder Bildnummer rechts den zugehörigen Kennbuchstaben.
Setze aus den Kennbuchstaben die Lösungswörter zusammen.
Schreibe anschließend die Sätze in dein Heft.

A

4

B
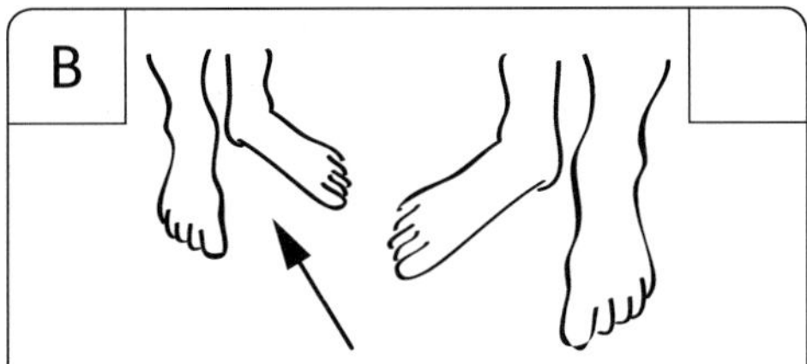

C

D

E
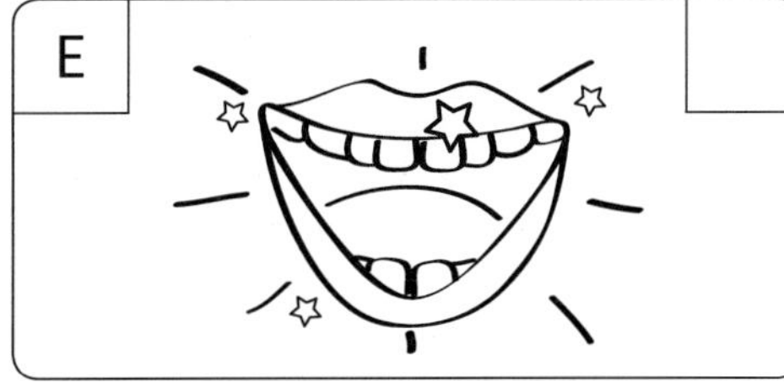

F
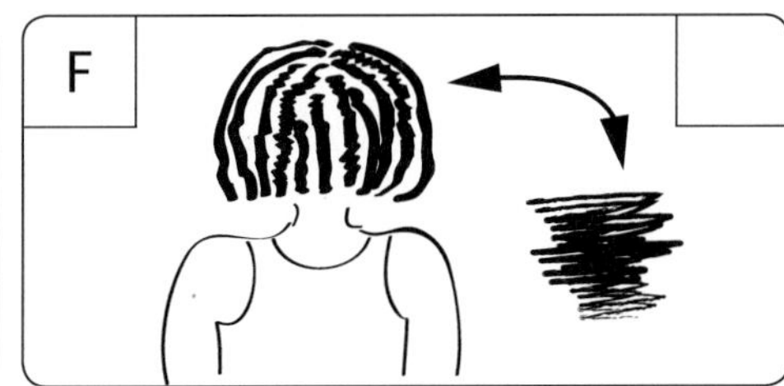

G
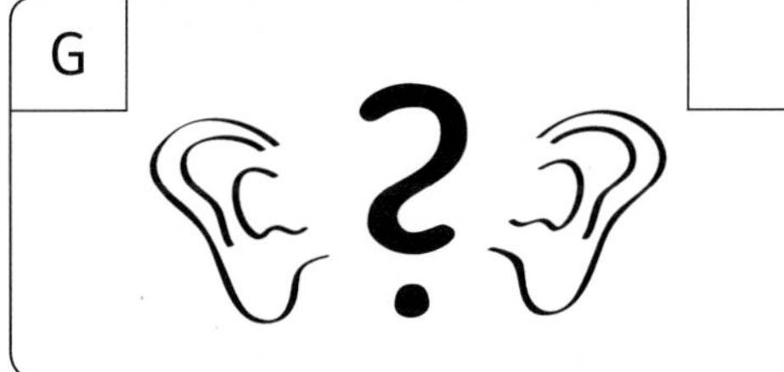

H

1	Meine Haare sind schwarz.
2	Wo sind deine Ohren?
3	Meine Arme sind lang.
4	Das sind meine Schultern.
5	Meine Augen sind geschlossen.
6	Ich habe kleine Füße.
7	Ich habe weiße Zähne.
8	Das ist mein Rücken.

Kennbuchstaben

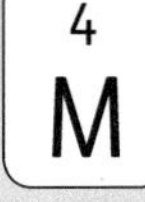

Lösungswörter

A M

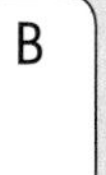

C

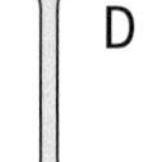

F

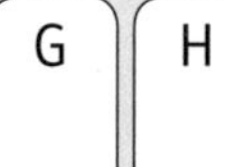

 Name: Klasse: Datum:

10. Körperpflege

Suche zu jedem Bild von [A] bis [H] den passenden Satz.
Schreibe die Lösungsnummer in das Feld rechts neben dem Bild.
Male dann die Lösungsfelder im Kontrollbild in den angegebenen Farben aus.
Schreibe anschließend die Sätze in dein Heft.

A 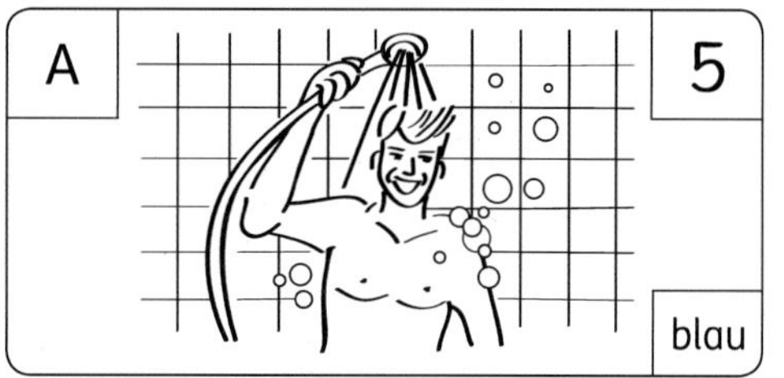 5 blau

B  gelb

C 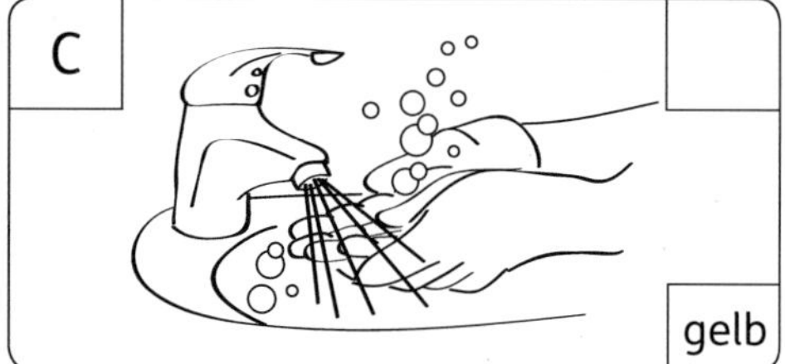 gelb

D 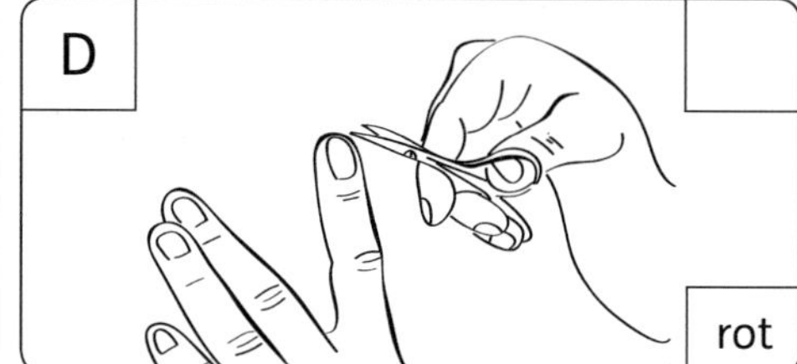 rot

E 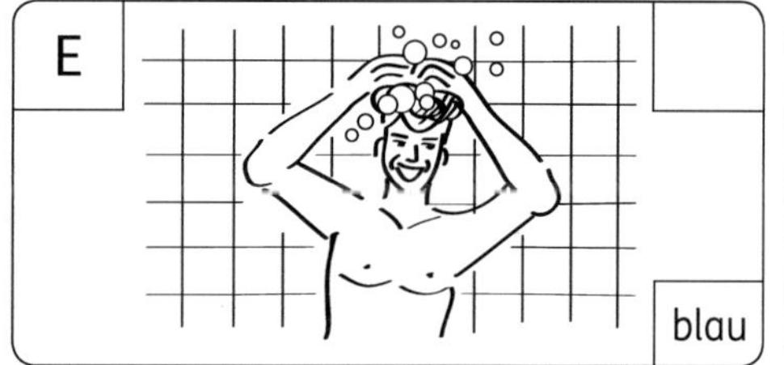 blau

F  gelb

G 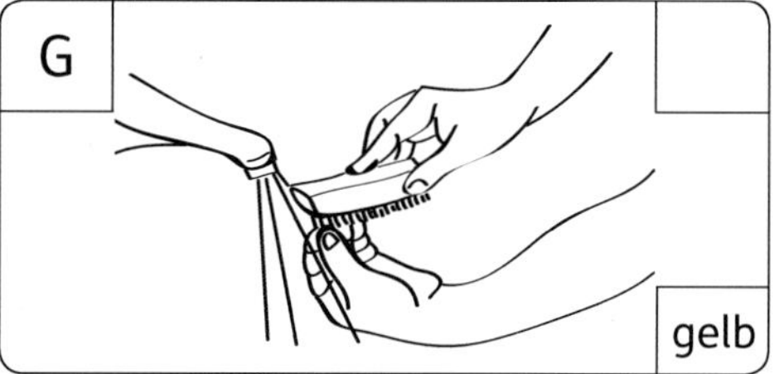 gelb

H 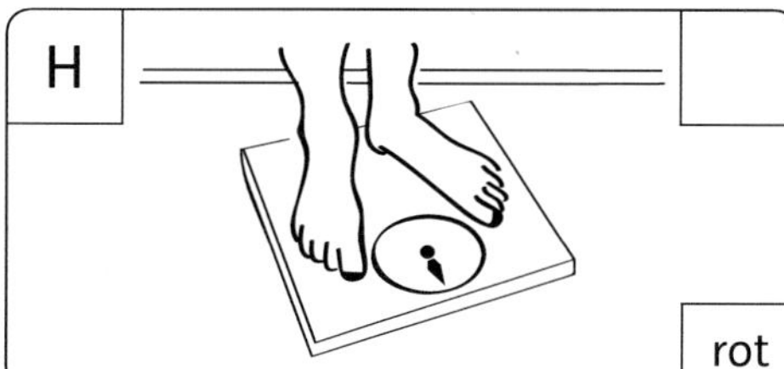 rot

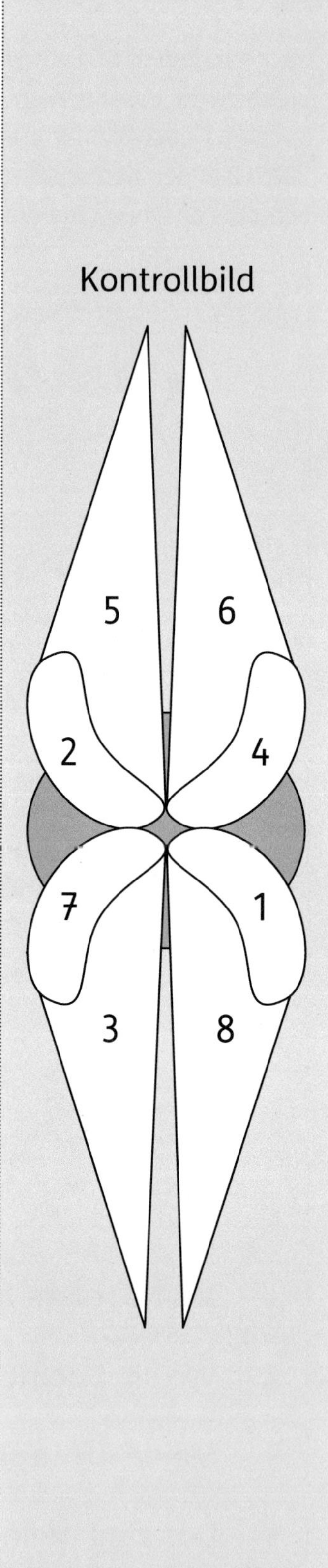

1	Ich wasche meine Hände vor dem Essen.
2	Ich putze meine Zähne.
3	Ich schneide meine Nägel.
4	Ich creme mich ein.
5	Nach dem Fußballtraining dusche ich.
6	Ich wiege mich.
7	Ich mache meine Fingernägel sauber.
8	Ich wasche meine Haare.

Name: Klasse: Datum:

11. Was tut weh?

Suche zu jedem Bild von [A] bis [H] den passenden Satz.
Schreibe die Bildnummer in das Feld rechts neben dem Bild.
Ziehe im Kontrollbild vom Punkt neben dem Buchstaben einen geraden Strich zur Lösungszahl.
Schreibe anschließend die Sätze in dein Heft.

A  6

B 

C 

D 

E 

F 

G 

H 

Kontrollbild

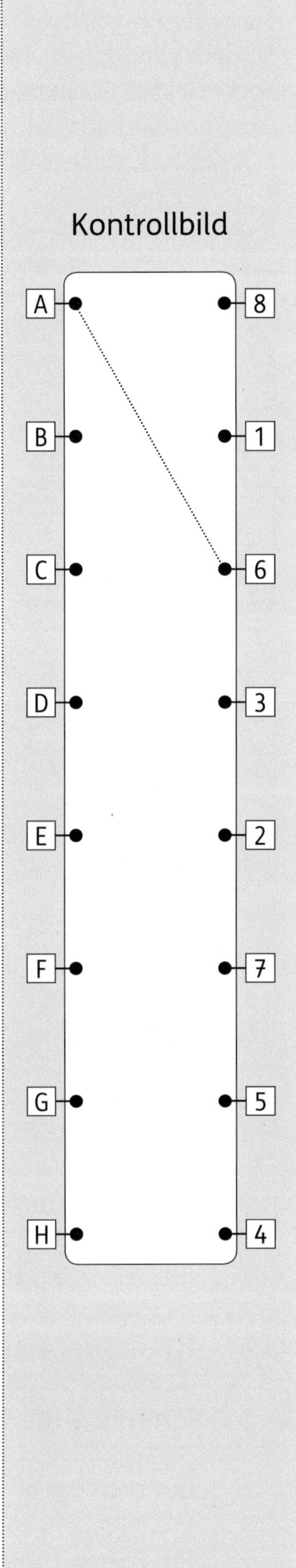

1	Ich habe Kopfschmerzen, da es heute sehr heiß ist.
2	Ich habe Zahnschmerzen. Ich muss zum Zahnarzt.
3	Ich habe Halsschmerzen. Ich brauche einen Schal.
4	Ich habe Rückenschmerzen. Ich lege mich hin.
5	Mein Fuß tut weh, deshalb muss ich mich hinsetzen.
6	Ich habe zu viel gegessen und mein Bauch tut weh.
7	Ich habe mir in den Finger geschnitten. Ich brauche ein Pflaster.
8	Nach dem Fußballspielen tut mein Knie weh.

 Name: Klasse: Datum:

12. Gesund werden

Suche zu jedem Bild von A bis H den passenden Satz.
Schreibe die Lösungsnummer in das Feld rechts neben dem Bild.
Suche zu jeder Bildnummer rechts den zugehörigen Kennbuchstaben.
Setze aus den Kennbuchstaben die Lösungswörter zusammen.
Schreibe anschließend die Sätze in dein Heft.

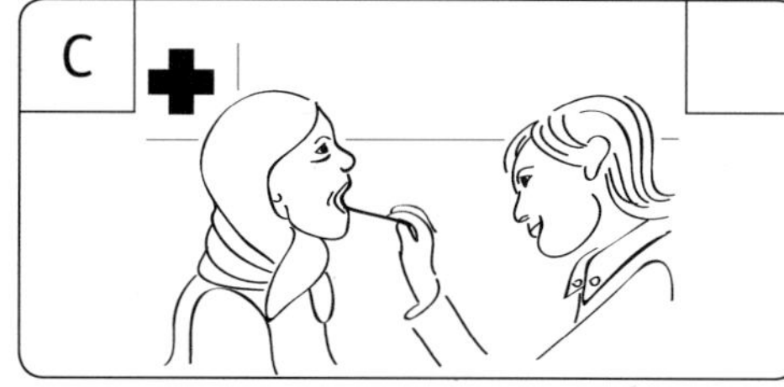

1	Ich gehe zum Arzt.
2	Ich gehe zur Apotheke.
3	Ich muss im Bett liegen.
4	Ich brauche ein Pflaster.
5	Ich muss Tee trinken.
6	Ich muss mein Bein hochlegen.
7	Ich muss Tabletten nehmen.
8	Ich darf keinen Sport machen.

Kennbuchstaben

Lösungswörter

Name: Klasse: Datum:

13. Wie kommst du zur Schule?

Suche zu jedem Bild von A bis H den passenden Satz.
Schreibe die Lösungsnummer in das Feld rechts neben dem Bild.
Male dann die Lösungsfelder im Kontrollbild in den angegebenen Farben aus.
Schreibe anschließend die Sätze in dein Heft.

A  2 rot

B  blau

C  rot

D  blau

E 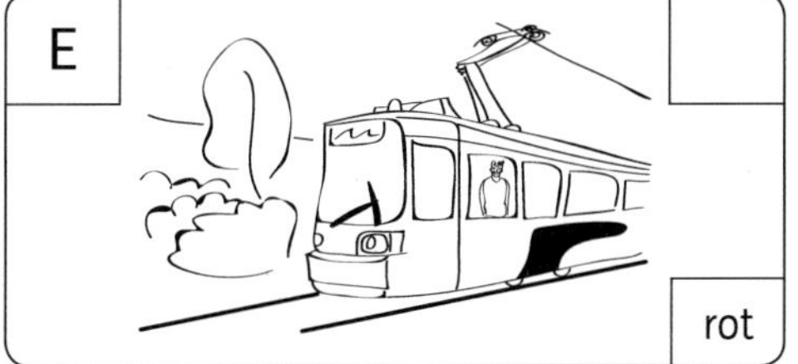 rot

F  blau

G  rot

H  blau

Kontrollbild

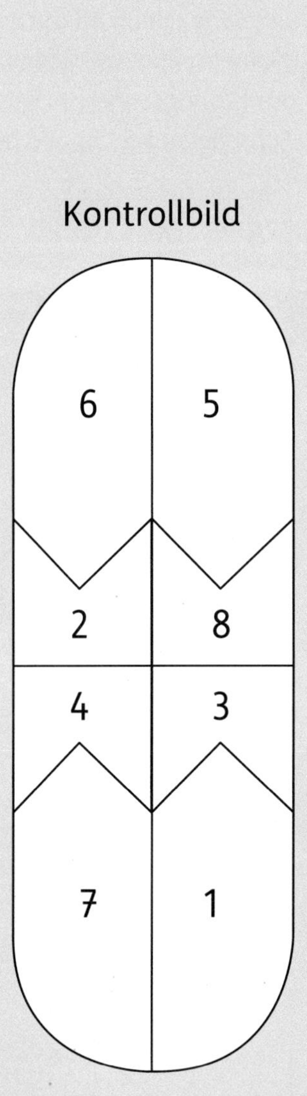

1	Sofie fährt mit dem Fahrrad zur Schule.
2	Tarek fährt mit dem Bus zur Schule.
3	Wie kommt Frau Bauer zur Schule?
4	Rahim fährt mit der Straßenbahn.
5	Majeda und Saida gehen zu Fuß.
6	Frau Bauer fährt mit dem Auto!
7	Pawel fährt mit seinem Skateboard.
8	Kanyanat fährt mit der U-Bahn.

Name: Klasse: Datum:

14. Tarek hat verschlafen

Suche zu jedem Bild von A bis H den passenden Satz.
Schreibe die Bildnummer in das Feld rechts neben dem Bild.
Ziehe im Kontrollbild vom Punkt neben dem Buchstaben einen geraden Strich zur Lösungszahl.
Schreibe anschließend die Sätze in dein Heft.

A 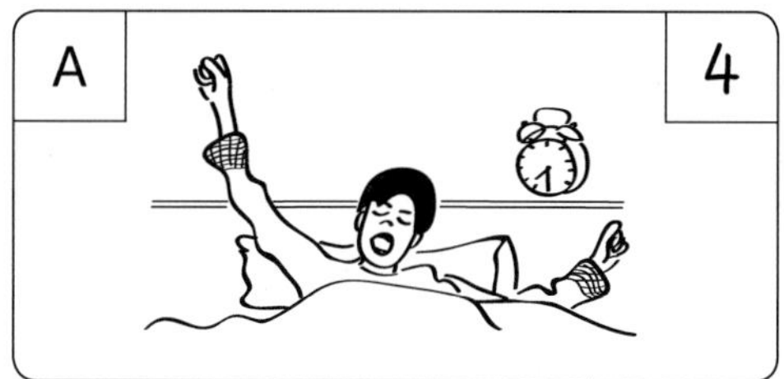 4

B 

C 

D 

E 

F 

G 

H 

1	Tarek rennt zur Bushaltestelle.
2	Er guckt auf seine Uhr.
3	Der Bus fährt gerade weg.
4	Heute ist Tarek zu spät aufgestanden.
5	Was soll Tarek jetzt machen?
6	Da kommt Frau Bauer mit ihrem Auto.
7	Schon halb acht!
8	Tarek darf mitfahren!

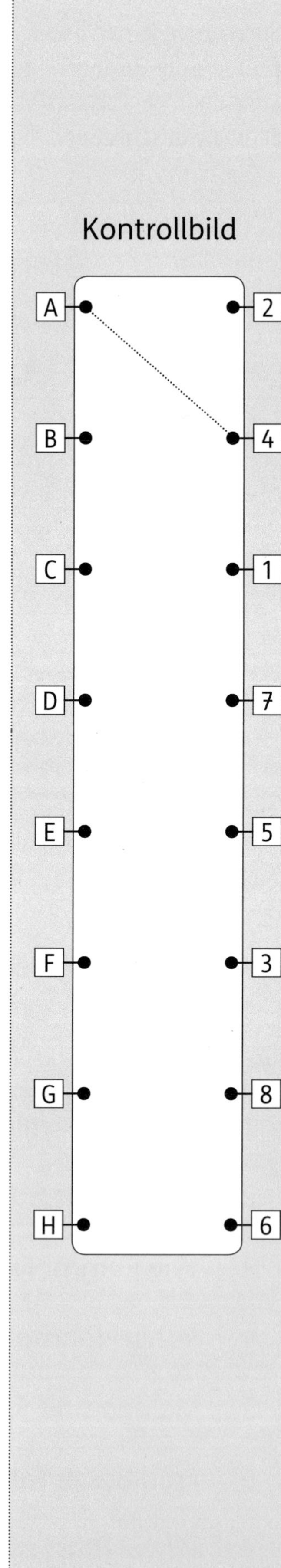

15. In der Stadt

Suche zu jedem Bild von A bis H den passenden Satz.
Schreibe die Lösungsnummer in das Feld rechts neben dem Bild.
Suche zu jeder Bildnummer rechts den zugehörigen Kennbuchstaben.
Setze aus den Kennbuchstaben die Lösungswörter zusammen.
Schreibe anschließend die Sätze in dein Heft.

A  7

B 

C 

D 

E 

F 

G 

H 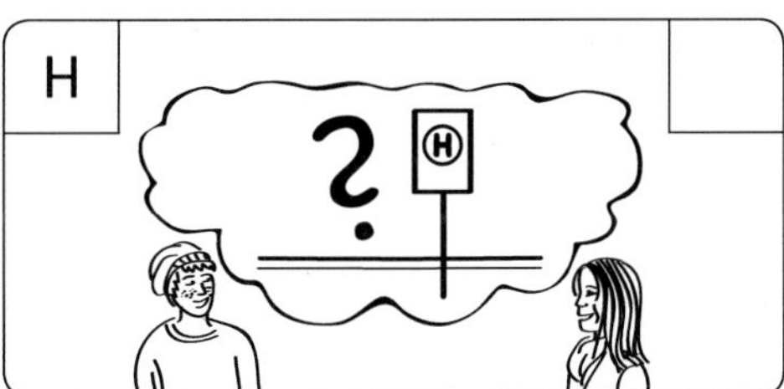

1	Dort hinten ist der Bahnhof.
2	Das ist das Schwimmbad.
3	Hier ist der Supermarkt.
4	Wo ist die Apotheke?
5	Wo ist die Bushaltestelle?
6	Ist das große Haus die Post?
7	Das schöne alte Gebäude ist das Rathaus.
8	Ist das der Kindergarten?

Name: Klasse: Datum:

16. Nach dem Weg fragen

Suche zu jedem Bild von A bis H den passenden Satz.
Schreibe die Lösungsnummer in das Feld rechts neben dem Bild.
Male dann die Lösungsfelder im Kontrollbild in den angegebenen Farben aus.
Schreibe anschließend die Sätze in dein Heft.

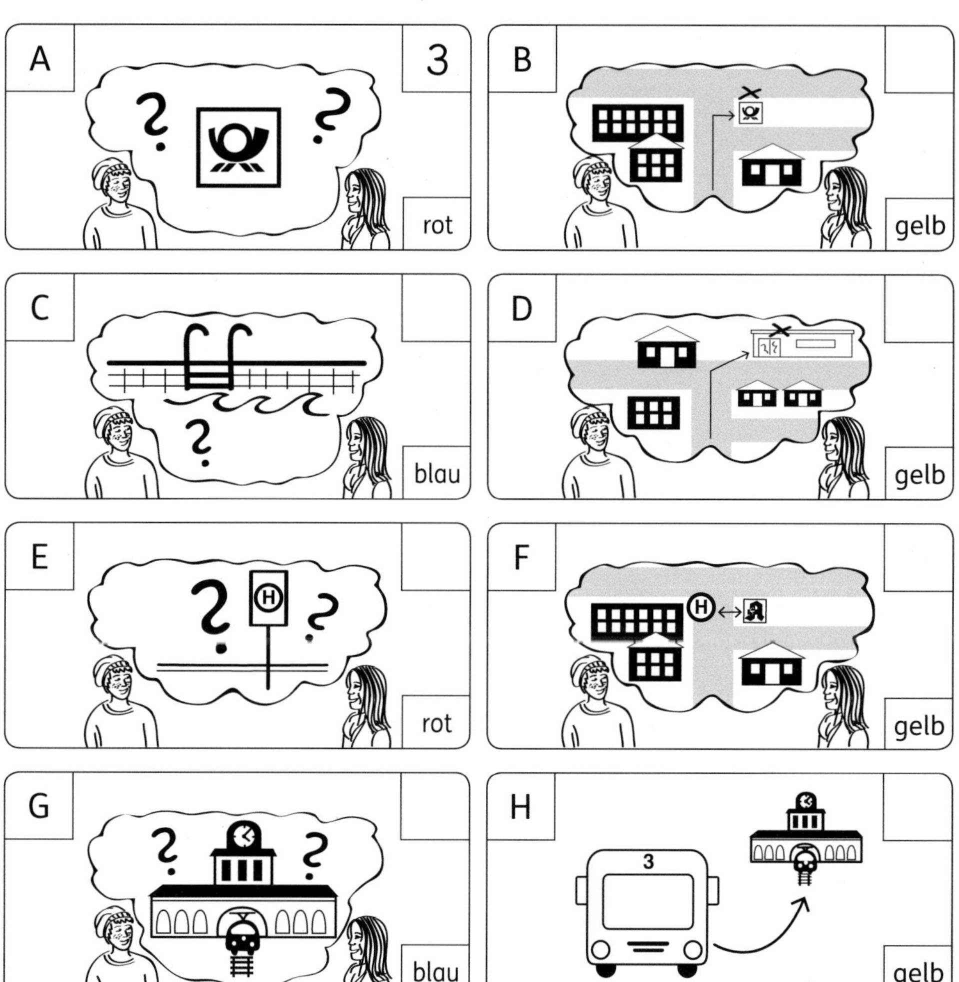

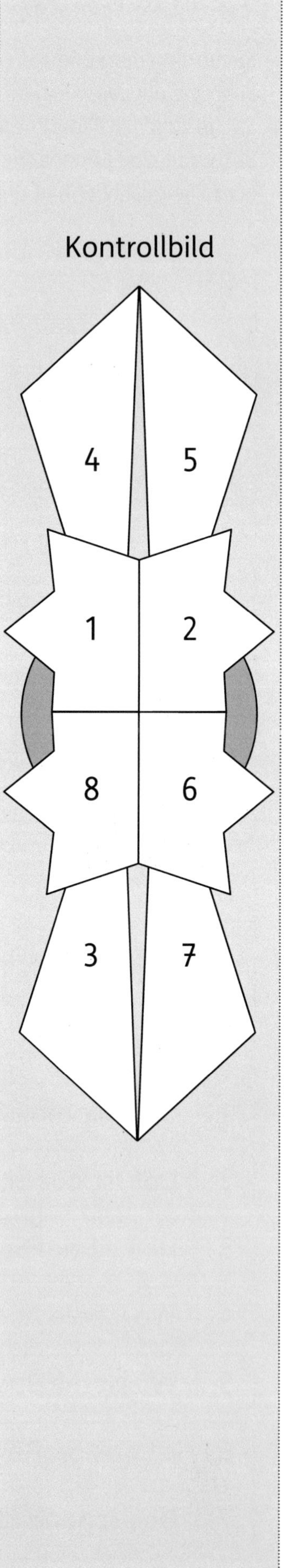

1	Geh geradeaus, auf der rechten Seite ist die Post.
2	Der Bus Nummer 3 fährt zum Bahnhof.
3	Wo ist die Post?
4	Wie komme ich zum Schwimmbad?
5	Wo ist die Bushaltestelle?
6	Geh die zweite Straße rechts, dort ist das Schwimmbad.
7	Wie komme ich zum Bahnhof?
8	Die Bushaltestelle ist direkt vor der Apotheke.

Name: Klasse: Datum:

17. Lecker!

Suche zu jedem Bild von [A] bis [H] den passenden Satz.
Schreibe die Bildnummer in das Feld rechts neben dem Bild.
Ziehe im Kontrollbild vom Punkt neben dem Buchstaben einen geraden Strich zur Lösungszahl.
Schreibe anschließend die Sätze in dein Heft.

A | 1

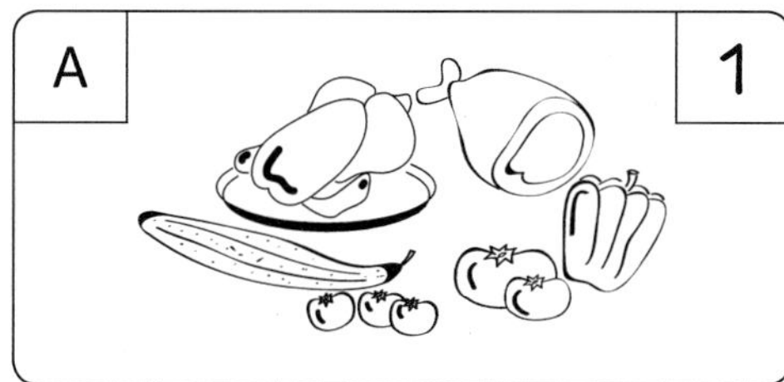

B

C

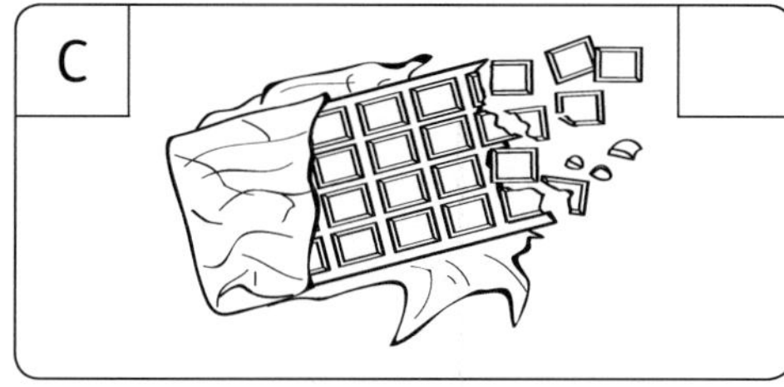

D

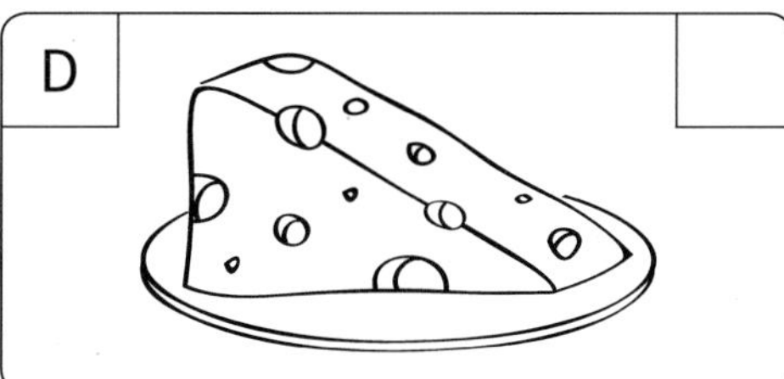

E

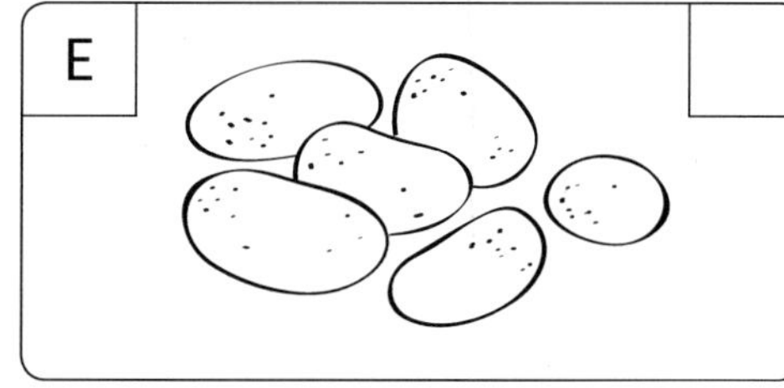

F

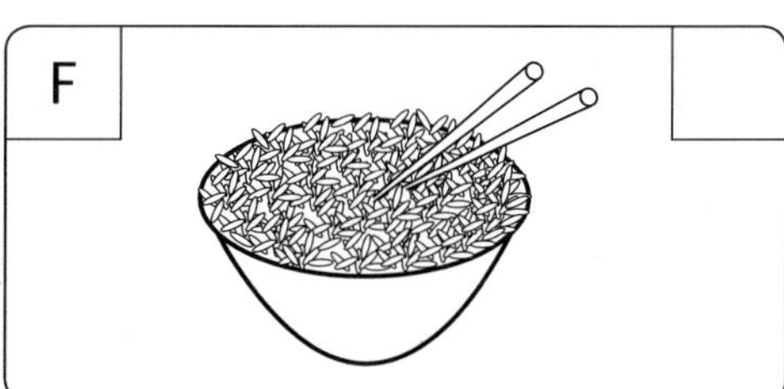

G

H

1	Ich esse gern Gemüse, aber ich esse auch Fleisch.
2	Meine kleine Schwester isst am liebsten Schokolade.
3	Magst du Käse?
4	Morgens esse ich immer Müsli.
5	Ich mag Nudeln.
6	Fisch finde ich auch lecker.
7	Wir essen zu Hause meistens Reis.
8	In Deutschland essen viele Menschen gern Kartoffeln.

Kontrollbild

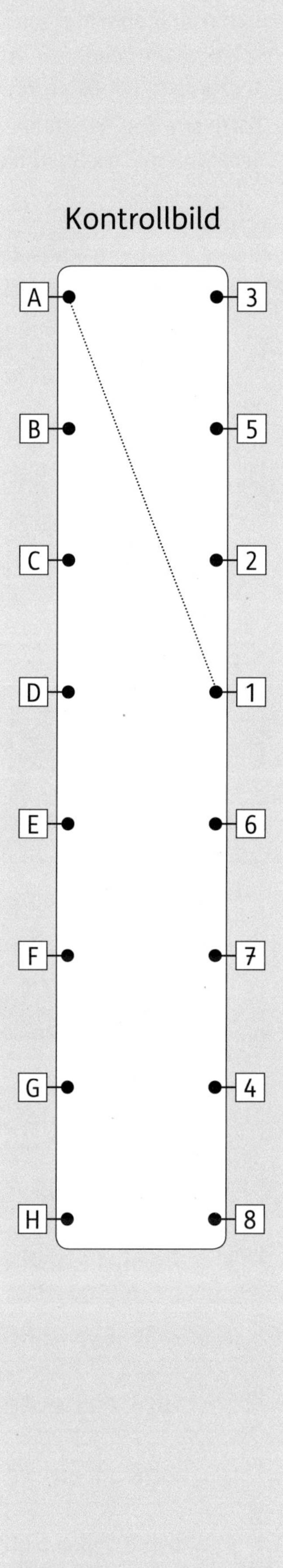

Name: Klasse: Datum:

18. Am Schulkiosk

Suche zu jedem Bild von A bis H den passenden Satz.
Schreibe die Lösungsnummer in das Feld rechts neben dem Bild.
Suche zu jeder Bildnummer rechts den zugehörigen Kennbuchstaben.
Setze aus den Kennbuchstaben die Lösungswörter zusammen.
Schreibe anschließend die Sätze in dein Heft.

A 2

B

C

D

E

F

G

H

1	Ist das Apfelsaftschorle?
2	Am Schulkiosk gibt es Obst.
3	Rahim kauft einen Schokoriegel.
4	Das ist ein Brötchen mit Käse.
5	Gibt es heute Bananen?
6	Das ist ein Vollkornbrot mit Wurst.
7	Ich trinke Milch.
8	Es gibt auch Kakao.

Kennbuchstaben

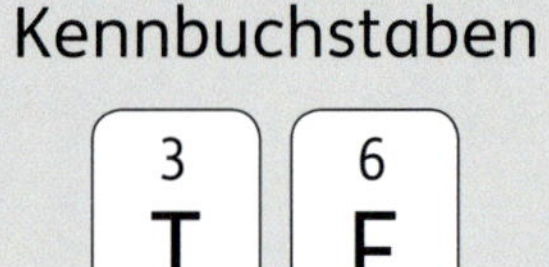

1	2	8
F	S	R

Lösungswörter

A	B	C	D
S			

E	F	G	H

Name: Klasse: Datum:

19. Am Nachmittag

Suche zu jedem Bild von A bis H den passenden Satz.
Schreibe die Lösungsnummer in das Feld rechts neben dem Bild.
Male dann die Lösungsfelder im Kontrollbild in den angegebenen Farben aus.
Schreibe anschließend die Sätze in dein Heft.

A

5
rot

B

blau

C

rot

D

blau

E

rot

F

blau

G

rot

H

blau

Kontrollbild
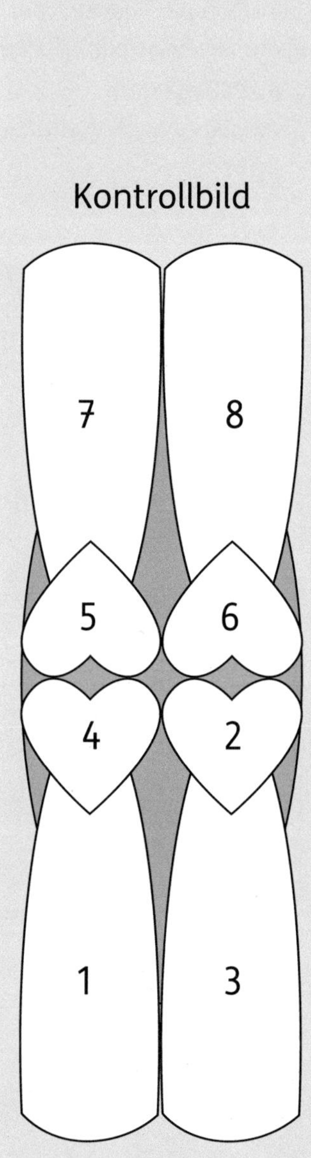

1	Rahim besucht seine Oma.
2	Georgios geht zum Fußballtraining.
3	Tarek repariert mit seinem Opa das Auto.
4	Majeda lernt für die Mathearbeit.
5	Was machst du heute Nachmittag?
6	Saida und Sevda gehen zum Einkaufen.
7	Ich gehe ins Kino.
8	Elena surft im Internet.

Name: Klasse: Datum:

20. Unsere Hobbys

Suche zu jedem Bild von A bis H den passenden Satz.
Schreibe die Bildnummer in das Feld rechts neben dem Bild.
Ziehe im Kontrollbild vom Punkt neben dem Buchstaben einen geraden Strich zur Lösungszahl.
Schreibe anschließend die Sätze in dein Heft.

A 6

B

C

D

E

F

G

H

1	Matin spielt Handball.
2	Ich spiele mit meiner Mutter Schach.
3	Und Saida macht Judo.
4	Mein Vater spielt die Saz.
5	Elena geht zum Ballettunterricht.
6	Kannst du schwimmen?
7	Matin fährt mit seinem Skateboard.
8	Georgios liest gern.

Kontrollbild

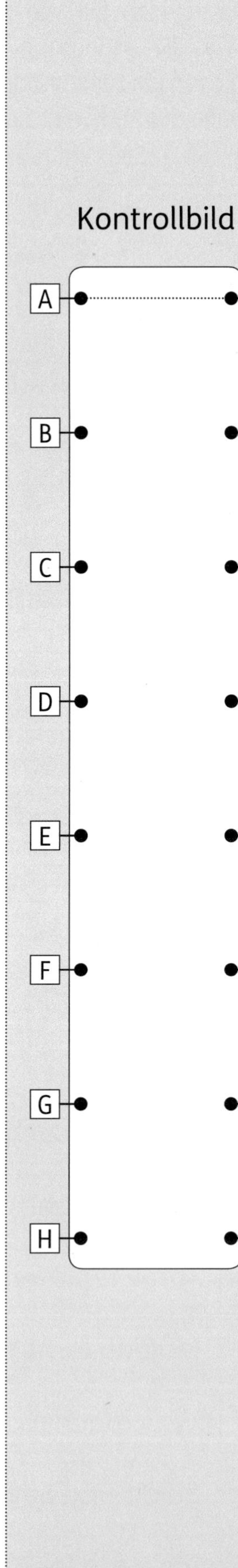

Name: Klasse: Datum:

21. Das sieht gut aus

Suche zu jedem Bild von A bis H den passenden Satz.
Schreibe die Lösungsnummer in das Feld rechts neben dem Bild.
Suche zu jeder Bildnummer rechts den zugehörigen Kennbuchstaben.
Setze aus den Kennbuchstaben die Lösungswörter zusammen.
Schreibe anschließend die Sätze in dein Heft.

A  1

B 

C 

D 

E 

F 

G 

H 

1	Diese Jeans finde ich gut.
2	Nimm bitte deine Mütze ab!
3	Elena mag das Kleid nicht.
4	Dein Kopftuch ist hübsch.
5	Meine Sneakers sind ganz neu.
6	Der Pullover ist zu klein.
7	Pawels T-Shirt ist cool.
8	Zum Fahrrad fahren brauchst du einen Helm.

Kennbuchstaben

2	3	5	1	7	8	4	6
K	P	A	P	N	I	D	A

Lösungswörter

A	B	C	D
P			

E	F	G	H

Name: Klasse: Datum:

22. Eine Jeans kaufen

Suche zu jedem Bild von A bis H den passenden Satz.
Kreise die zugehörige Bildnummer in dem Feld rechts neben dem Satz ein.
Male dann die Lösungsfelder im Kontrollbild in den angegebenen Farben aus.
Schreibe anschließend die Sätze in dein Heft.

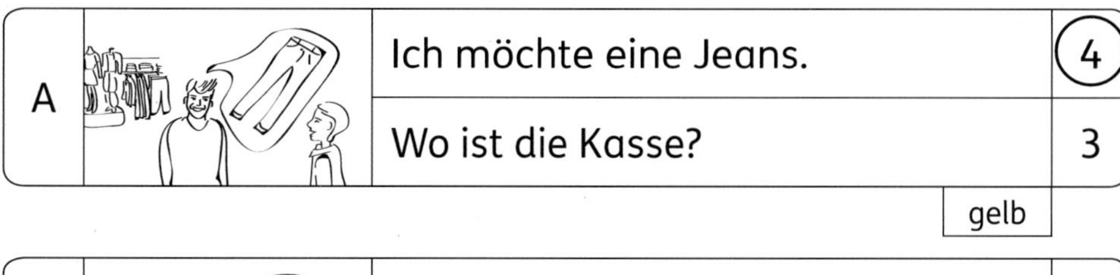

Bild	Satz	Nr.	Farbe
A	Ich möchte eine Jeans.	4	gelb
	Wo ist die Kasse?	3	
B	Die Hose ist zu lang.	1	rot
	Welche Größe brauchst du?	2	
C	Wo kann ich die Jeans anprobieren?	3	grün
	Ich möchte bitte keine Plastiktüte.	6	
D	Die Hose ist zu lang.	7	blau
	Wieviel kostet sie?	4	
E	Welche Größe brauchst du?	8	gelb
	Diese Jeans passt.	5	
F	Wo kann ich die Jeans anprobieren?	3	rot
	Wieviel kostet sie?	1	
G	Diese Jeans passt.	7	grün
	Wo ist die Kasse?	6	
H	Ich möchte bitte keine Plastiktüte.	8	blau
	Ich möchte eine Jeans.	4	

Kontrollbild

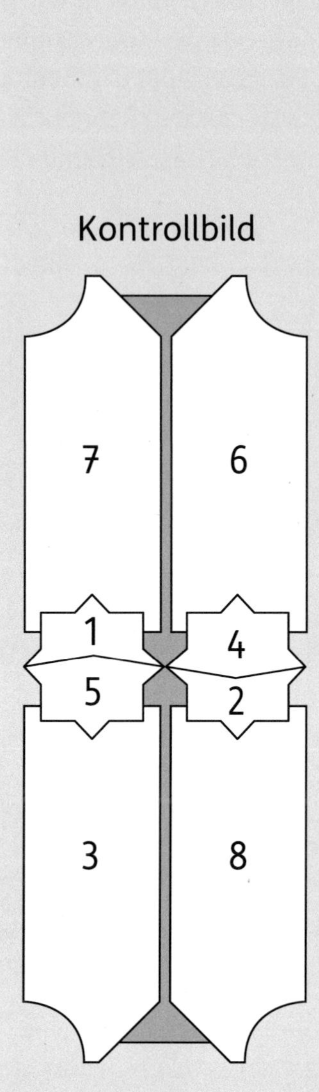

Name: Klasse: Datum:

23. Einkaufen im Supermarkt

Suche zu jedem Bild von A bis H den passenden Satz.
Schreibe die Bildnummer in das Feld rechts neben dem Bild.
Ziehe im Kontrollbild vom Punkt neben dem Buchstaben einen geraden Strich zur Lösungszahl.
Schreibe anschließend die Sätze in dein Heft.

A 5

B

C

D

E

F

G

H

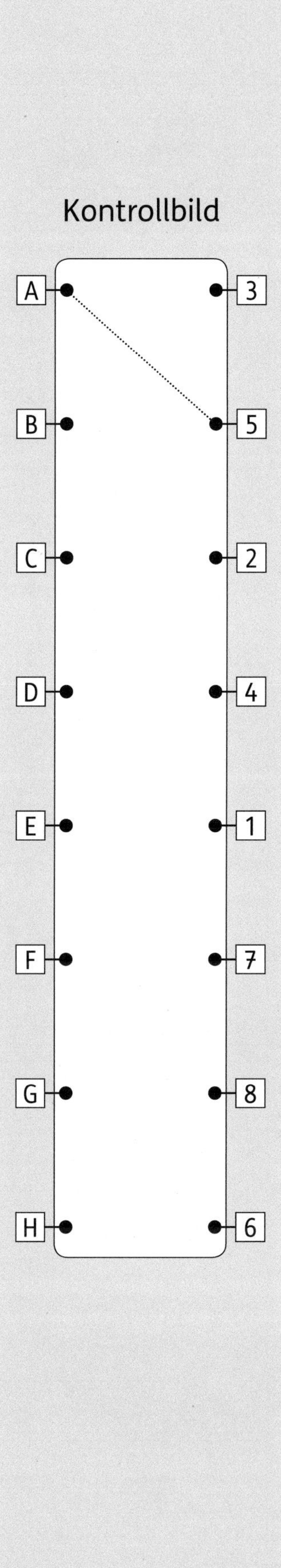

1	Zuerst bringen wir die leeren Flaschen weg.
2	Wir nehmen auch Tomaten, Auberginen und Paprika.
3	Hast du einen Euro?
4	Jetzt brauchen wir noch Milch, Joghurt und Käse.
5	Wir nehmen einen Einkaufswagen.
6	Zuletzt hole ich ein Überraschungsei für meine Schwester.
7	Meine Mutter sucht vier schöne Birnen aus.
8	An der Kasse bezahlen wir alles.

Welcher Satz passt?

	Welcher Satz passt zum Bild? Unterstreiche!
Elena	P1: Wie heißt du? Das ist Elena. Elena hat zwei Schwestern.
	P2: Pawel ist 13 Jahre alt. Woher kommst du? **<u>Pawel kommt aus Polen.</u>**
	P1: Ich habe einen Bruder. Ich bin 13 Jahre alt. Woher kommt Pawel?
	P2: **<u>Elena hat ein Fahrrad.</u>** Sie ist 12 Jahre alt. Das ist Elenas Vater.
	P1: Wo ist mein USB-Stick? Das ist meine Brille. Wo ist meine Uhr?
	P2: **<u>Sind das Filzstifte?</u>** Male das Bild rot aus. Ist das ein Bleistift?
Majeda	P1: Ich habe ein Smartphone. Das ist mein Laptop. Dein Smartphone ist super.
	P2: Mein Rucksack ist schwarz und weiß. **<u>Wo ist mein Rucksack?</u>** Welche Farbe hat dein Rucksack?

Welcher Satz passt?

	Welcher Satz passt zum Bild? Unterstreiche!
	P1: Wie heißt du? **Das ist Elena.** Elena hat zwei Schwestern.
	P2: Pawel ist 13 Jahre alt. Woher kommst du? Pawel kommt aus Polen.
	P1: **Ich habe einen Bruder.** Ich bin 13 Jahre alt. Woher kommt Pawel?
	P2: Elena hat ein Fahrrad. Sie ist 12 Jahre alt. Das ist Elenas Vater.
	P1: **Wo ist mein USB-Stick?** Das ist meine Brille. Wo ist meine Uhr?
	P2: Sind das Filzstifte? Male das Bild rot aus. Ist das ein Bleistift?
	P1: Ich habe ein Smartphone. **Das ist mein Laptop.** Dein Smartphone ist super.
	P2: Mein Rucksack ist schwarz und weiß. Wo ist mein Rucksack? Welche Farbe hat dein Rucksack?

Welches Bild passt?

Welches Bild passt zum Satz?			
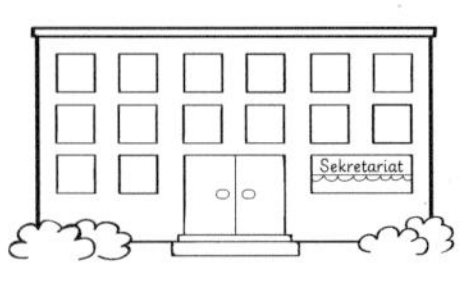 ☐	 ☐	 ☐	P1: Das Sekretariat ist im Erdgeschoss.
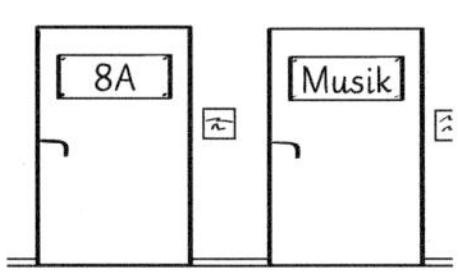 ☐	 ☒	 ☐	P2: Wo ist das Lehrerzimmer?
 ☐	 ☐	 ☐	P1: Die Mädchen sitzen auf der Treppe.
 ☐	 ☐	 ☒	P2: Majeda isst einen Apfel.
 ☐	 ☐	 ☐	P1: Nehmt eure Wörterbücher.
 ☐	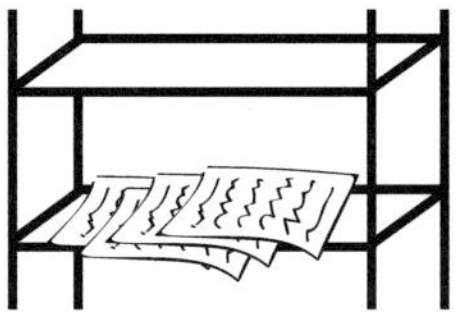 ☐	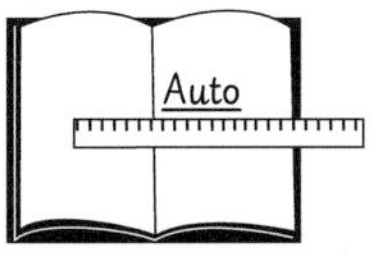 ☒	P2: Unterstreicht die neuen Wörter mit dem Lineal.
 ☐	 ☐	 ☐	P1: Schreibt eure Namen und das Datum auf die Arbeitsblätter.
 ☐	 ☒	 ☐	P2: Es ist Pause, geht auf den Schulhof.

Welches Bild passt?

Welches Bild passt zum Satz?			
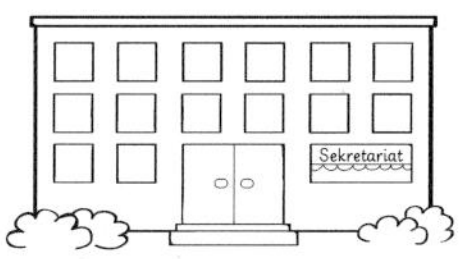 Sekretariat [X]	 [ ]	 WC [ ]	P1: Das Sekretariat ist im Erdgeschoss.
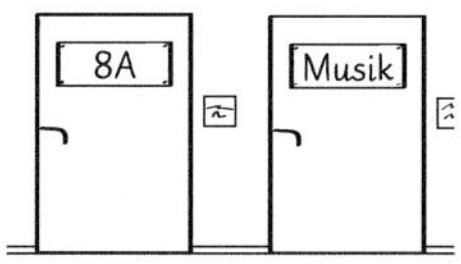 8A Musik [ ]	 Lehrer [ ]	 [ ]	P2: Wo ist das Lehrerzimmer?
 [ ]	 [X]	 [ ]	P1: Die Mädchen sitzen auf der Treppe.
 [ ]	 [ ]	 [ ]	P2: Majeda isst einen Apfel.
 A–Z [X]	 Pawel 10.05.2018 [ ]	 [ ]	P1: Nehmt eure Wörterbücher.
 [ ]	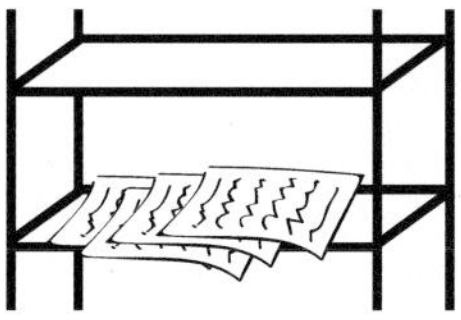 [ ]	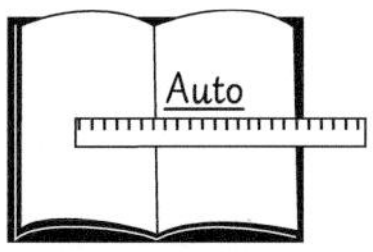 Auto [ ]	P2: Unterstreicht die neuen Wörter mit dem Lineal.
 Pawel 10.05.2018 [X]	 Auto Au [ ]	 [ ]	P1: Schreibt eure Namen und das Datum auf die Arbeitsblätter.
 [ ]	 [ ]	 [ ]	P2: Es ist Pause, geht auf den Schulhof.

Was hast du?

	Welches Wort fehlt? Ergänze die Lücken!
	P1: Mein Rücken tut weh. Ich habe ______________________.
	P2: Mein Kopf tut weh. Ich habe **Kopfschmerzen**.
	P1: Meine Cousine hat Halsschmerzen. Sie muss zum ____________ gehen.
	P2: Georgios hat Zahnschmerzen. Er muss zum **Zahnarzt**.
	P1: Rahim braucht Tabletten. Er muss zur ______________________ gehen.
SPORTHALLE	P2: Matins Fuß tut weh. Er darf keinen **Sport** machen.
	P1: Saida hat sich geschnitten. Sie braucht ein ______________________.
	P2: Elena hat Bauchschmerzen. Sie muss **Tee** trinken.

Was hast du?

	Welches Wort fehlt? Ergänze die Lücken!
	P1: Mein Rücken tut weh. Ich habe **Rückenschmerzen**.
	P2: Mein Kopf tut weh. Ich habe ____________________.
	P1: Meine Cousine hat Halsschmerzen. Sie muss zum **Arzt** gehen.
	P2: Georgios hat Zahnschmerzen. Er muss zum ________________.
	P1: Rahim braucht Tabletten. Er muss zur **Apotheke** gehen.
	P2: Matins Fuß tut weh. Er darf keinen ________________ machen.
	P1: Saida hat sich geschnitten. Sie braucht ein **Pflaster**.
	P2: Elena hat Bauchschmerzen. Sie muss __________ trinken.

Wörterschlangen

	Lies die Wörterschlangen. Teile die Wörter ab. Schreibe den Satz auf.
	P1: WOISTDERKINDERGARTEN?
	P2: Der Kindergarten ist neben der Post.
	P1: DASSCHÖNEALTEHAUSISTDASRATHAUS.
	P2: Wie komme ich zum Bahnhof?
Kaufhaus?	P1: ISTDASDORTEINKAUFHAUS?
ROWO	P2: Gibt es hier einen Supermarkt?
	P1: DIEAPOTHEKEFINDESTDUGLEICHRECHTS.
	P2: Die Bushaltestelle ist gegenüber von der Apotheke.

Wörterschlangen

	Lies die Wörterschlangen. Teile die Wörter ab. Schreibe den Satz auf.
	P1: Wo ist der Kindergarten?
	P2: DERKINDERGARTENISTNEBENDERPOST. ____________________ ____________________
	P1: Das schöne alte Haus ist das Rathaus.
	P2: WIEKOMMEICHZUMBAHNHOF? ____________________ ____________________
	P1: Ist das dort ein Kaufhaus?
	P2: GIBTESHIEREINENSUPERMARKT? ____________________ ____________________
	P1: Die Apotheke findest du gleich rechts.
	P2: DIEBUSHALTESTELLEISTGEGENÜBERVONDERAPOTHEKE. ____________________ ____________________

Durcheinander

Bringe die Wörter in die richtige Reihenfolge. Schreibe die Sätze auf. Denke daran, Satzanfänge groß zu schreiben.	
	P1: Käse – ist – ein – mit – Brötchen – das __________ __________
	P2: **Rahim kauft einen Schokoriegel.**
	P1: Bananen – heute – es – gibt? __________ __________
	P2: **Was isst du gern?**
	P1: zum – Saida – gehen – Sevda – Judotraining – und __________ __________
	P2: **Tarek und sein Opa reparieren das Auto.**
	P1: du – fahren – Fahrrad – kannst? __________ __________
	P2: **Georgios fährt mit seinem Skateboard.**

Durcheinander

Bringe die Wörter in die richtige Reihenfolge. Schreibe die Sätze auf. Denke daran, Satzanfänge groß zu schreiben.	
	P1: **Das ist ein Brötchen mit Käse.**
	P2: einen – kauft – Schokoriegel – Rahim ____________________ ____________________
	P1: **Gibt es heute Bananen?**
	P2: gern – du – isst – was? ____________________ ____________________
	P1: **Saida und Sevda gehen zum Judotraining.**
	P2: Auto – Opa – Tarek – reparieren – und – das – sein ____________________ ____________________
	P1: **Kannst du Fahrrad fahren?**
	P2: mit – fährt – seinem – Georgios – Skateboard ____________________ ____________________

Buchstabenchaos

Kannst du diese Sätze lesen? Bei jedem Wort sind der erste und der letzte Buchstabe richtig. Ordne die Sätze den Bildern zu. Schreibe die Sätze dann richtig auf.	
	P1: Knan ich dseie Jnaes apiernreobn?
	P2: **Zum Fahrrad fahren brauchst du einen Helm.**
	P1: Ich mtchöe btite kneie Pstalkittüe.
	P2: **Deine Sneakers sind total cool.**
	P1: Wieievl ketsot dsiee Hsoe?
	P2: **Meine Mutter nimmt einen Einkaufswagen.**
	P1: Wir kafeun Mhcil, Jurohgt und Ksäe.
	P2: **Meine kleine Schwester bekommt ein Überraschungsei.**

Buchstabenchaos

Kannst du diese Sätze lesen? Bei jedem Wort sind der erste und der letzte Buchstabe richtig. Ordne die Sätze den Bildern zu. Schreibe die Sätze dann richtig auf.	
	P1: **Kann ich diese Jeans anprobieren?**
	P2: Zum Frraahd ferhan bauchrst du enien Hlem. ____________________ ____________________
	P1: **Ich möchte bitte keine Plastiktüte.**
	P2: Dinee Skeanres snid tatol cool. ____________________ ____________________
	P1: **Wieviel kostet diese Hose?**
	P2: : Mneie Meuttr nmmit eienn Eaunkifsweagn. ____________________ ____________________
	P1: **Wir kaufen Milch, Joghurt und Käse.**
	P2: Miene keilne Sweschter bommket ein Ürebruschgansei. ____________________ ____________________